आँखों का इंद्रधनुष

(कविता संग्रह)

ईश्वरचंद्र मिश्र

Made with ❤ on the Notion Press Platform
www.notionpress.com

आत्मकथ्य

मनुष्य के मानस में विचारों की ऊर्मियां उठती रहती हैं जिनमें से कुछ ऊर्मियां रचना की प्रेरणा बनती हैं। विविधता विचारों का स्वभाव है और इसीलिए मेरी कविताएं विविधवर्णी हैं। कविता संस्कारित मन की उपज होती है जिसमें भाषा का सौंदर्यबोध होता है और शब्दों के प्रयोग में कला ढूंढने की आकांक्षा होती है। कविता में सबकुछ कहा नहीं जाता, जो कुछ अनकहा रह जाता है असल कविता वहां होती है। कविता की आत्मा में मिट्टी में महमह वह महक समाहित होती है जो कभी विलिन हो चुकी पंखुड़ियों की छवि रखती है। यहां मेरा बचपन, बचपन का गांव और वहां का परिवेश, अनेक रिश्ते और मेरे मन में बसे हुए बहुत-से दृश्य उमड़े हुए हैं। टेबल पर पढ़ते-लिखते देखकर मेरे दोनों प्यारे दौहित्र अथर्व और अव्यान का मेरे पास आकर बैठना और मुझे लिखते हुए देखकर यह समझना और बोलना कि शायद मैं अपना होमवर्क कर रहा हूँ, सदैव मीठा लगता रहा। पिता-धर्म निभाते हुए कटु-मधु अनुभवों का रंग भी यहां किसी न किसी रूप में अंतर्निहित है। मेरे विचार बीते हुए जीवन और उसके संदर्भों में विचरण करते हैं। ऐसी बानगी मेरी कविताओं में अक्सर मिल सकती है। एक रंग नहीं है यहां, देखे और समझे हुए बहुत-से रंग हैं। एक मध्यकालीन कवि का दोहा है :-

सर्व ढँके सोहत नहीं, उघरे होत कुवेश
अर्ध ढँके सोहत अति, कवि-अक्षर कुच केश।।

कविता के दृश्य बिंब बहुत कुछ अपने में छिपाए हुए देखे जा सकते हैं। जीवन में विगत का प्रत्यक्षीकरण अनेक प्रकार से होता रहता है। इसी से कविता में चित्रात्मकता आती है। अपने समय के सूर्य रामधारी सिंह दिनकर ने चक्रवाल की भूमिका में लिखा है, चित्र कविता का अत्यंत महत्त्वपूर्ण गुण है, प्रत्युत् कहना चाहिए कि यह कविता का एक मात्र शाश्वत गुण है जो उससे कभी नहीं छूटता। कविताएं सृष्टि की अनुपूरक होती हैं। इन रचनाओं में सारा विगत व्यतीत नहीं लगता। वह भी सृजन में आता है। करते-करते जो छूट

जाता है, वही लेखन में रचनाकार की ऊर्जा बनकर आता है। मुझे लगता है कि कुछ बातें मैं जान पाता हूँ और बहुत कुछ अनजाना रह जाता है, जैसे चिराग तले अंधेरा। कभी यह भी प्रतीत होता है कि पांव तले की ज़मीन खिसक रही है। उम्मीद यह भी रहती है कि अगर सिर पर छत नहीं है, तब भी ऊपर फैले हुए विस्तृत आकाशका एहसास मन में जिंदा रहे। नाउम्मीदी कविता का स्वभाव नहीं होती।

अनेक द्वंद्व और अनेक दृश्य यहां हैं। सच केवल आँखों देखा ही नहीं होता, बहुत कुछ महसूस किया हुआ भी होता है। इसलिए आँखों का इंद्रधनुष और विविधता कई तरह से है। शरीर के सौंदर्य की पहुँच आँखों तक होती है, जबकि कवि के शब्द प्रयोग की सुंदरता आत्मा की गहराई को प्रभावित करती है। कविता कवि मन की पगडंडियों पर यात्रा करती है जिसमें कहीं बड़े पेड़ मिलते हैं, कहीं लहलहाती फसलें मिलती हैं, कहीं नदियां तथा कभी आता है झकझोरता हुआ अंधड़ जो गरीब घरों का छप्पर उड़ा ले जाता है। घर की दयनीयता ठठरी बनी गरीब देह की पसलियों-सी दिखने लगती है। कविता साधारणता का सौंदर्य दिखाती है, और मन के अंदर कहीं ठहर जाती है। समझनेवाले हृदय को बहुत कुछ कह जाती है।

अनुजवत् सखा और सज्जन हृदय श्री केशव कर्ण जी ने मेरे इस संकलन के लिए भूमिका रची है, मैं उनका अत्यंत आभारी हूँ। कविता के इस संकलन को रूप देने में मेरी पत्नी श्रीमती उषा मिश्र का योगदान अनेक प्रकार से रहा है। मेरे पुत्र अमितेश रंजन ने कविताओं को दृश्यांकित करते हुए आवरण पृष्ठ को स्वरूप दिया है, उन्हें शुभाशीष! साथ में परिवार के सभी सदस्यों का भी कई तरह से सहयोग रहा है, मैं उन सभी का आभारी हूँ। आभा कम्युनिकेशन, बेंगलूरु के श्री वेदप्रकाश पांडेय का श्रम और सुझाव को शिरोधार्य करता रहा हूँ। साथ ही मुज़फ्फरपुर से डॉ. रामेश्वर द्विवेदी, बेंगलूरु से श्रीमती मंजू वेंकट और अनेक शुभचिंतकों के तकाज़े रहे हैं। मैं उन सभी के प्रति नत-मस्तक हूँ। संकलन की रचनाओं के बारे में प्रतिक्रिया देना कवि के प्रति आभार होगा।

- ईश्वरचंद्र मिश्र

'आँखों का इंद्रधनुष' कविता संकलन

शब्द सौष्ठव, अर्थ वैशिष्ट्य और उद्दीप्त विचारों का स्मित रेखांकन

'कविता क्या है' शीर्षक निबंध में आचार्य रामचंद्र शुक्ल लिखते हैं, जिस प्रकार आत्मा की मुक्तावस्था ज्ञान दशा कहलाती है, उसी प्रकार हृदय की मुक्तावस्था रसदशा कहलाती है। हृदय की इसी मुक्तावस्था के लिए मनुष्य की वाणी जो शब्द विधान करती आई है उसे कविता कहते हैं। कविता वास्तव में मनुष्य के भावनात्मक, बौद्धिक और आध्यात्मिक अनुभवों का सजीव दस्तावेज़ है। यह हृदय के गहनतम कोनों से उपजे विचारों को भाषा के माध्यम से अभिव्यक्त करने की एक विलक्षण कला है। हिंदी भाषा साहित्य के उद्भट विद्वान और संवेदनशील कवि श्री ईश्वरचंद्र मिश्र जी का प्रस्तुत काव्य संग्रह 'आँखों का इंद्रधनुष' इसी विलक्षणता का प्रमाण है। संकलन में 51 कविताएँ संकलित हैं जिनके प्रतिपाद्य में विभिन्नता है, जैसे प्रकृति, समाज का पर्यवेक्षण और जीवनानुभव।

'आँखों का इंद्रधनुष' शीर्षक कविता संग्रह कवि की रचनात्मक दृष्टि और उनकी काव्यात्मक प्रतिभा का परिचायक है। यह शीर्षक संकेत करता है कि इस संग्रह में जीवन के विभिन्न आयामों और भावनाओं के विविध रंग समाहित हैं, जो पाठकों के मनोमस्तिष्क को नए विचारों और संवेदनाओं से आलोकित करेंगे। प्रस्तुत संग्रह विषयों की विविधता और रचनात्मकता का अद्भुत संगम है। इसमें संकलित कविताएं जैसे 'नवान्न नहीं मालूम', 'धृतराष्ट्र', 'मैं नहीं पदचिन्ह', 'बेटी', 'मेरी कविता', 'माँ के अरमान', 'बुढ़ाता कुआँ', 'विभा! तुम देखो', 'मंदिर-मंदिर हवा चली', 'हम रुके हुए थे' और 'अनाम पेड़' समाज, प्रकृति, जीवन और मानवीय संबंधों के विभिन्न पहलुओं को गहनता से प्रस्तुत करती हैं।

'बड़ा आदमी', 'हमें पैसा चाहिए', 'नवान्न नहीं मालुम' और 'बेटा बात-बात में' जैसी कविताएँ मूल्यविहीन आधुनिकता पर सूक्ष्म व्यंग्य हैं। इनमें सामाजिक विषमताजनित अज्ञान, मदांधता, मिथ्याभिमान जैसी कठोर वास्तविकताओं का जहां संवेदनशील चित्रण है; वहीं 'धृतराष्ट्र' सत्ता और स्वार्थ के अंधत्व का ऐसा प्रतीकात्मक प्रस्तुतीकरण है, जो पाठक को सोचने पर विवश करता है। 'मैं बच्चा बन जाता हूँ', 'माँ के अरमान', 'बुढ़ाता कुआँ', 'अनाम पेड़' सदृश कविताओं में एक विचार प्रवाह के साथ-साथ एक प्राकृतिक विछोह है, समय से आबद्ध एक आकुलता है। 'मैं नहीं पदचिह्न' आत्मा की गहराइयों में झाँकने का प्रयास है, जो व्यक्ति की पहचान और उसके अस्तित्व के रहस्य को उजागर करता है। 'बेटी' जैसी कविताएं मानवीय रिश्तों और समाज में स्त्री के योगदान को बड़े मार्मिक और सजीव ढंग से प्रस्तुत करती हैं। 'भईया से बेहतर' कविता मर्म को छूती है तथा मादा भ्रूण-हत्या पर केंद्रित है। मनोवैज्ञानिक भाव-भूमि पर प्रस्फुटित 'निर्णय', 'आईना', 'ड्राइंग रूम में फोटो', 'दुविधा' जैसी कविताओं का आत्मतथ्य चिंतनीय है। 'माँ के अरमान' त्याग, ममता और आशाओं से ओतप्रोत माँ के जीवन का जहाँ शब्दचित्र है, वहीं 'बुढ़ाता कुआँ' प्रकृति और पर्यावरण के प्रति मनुष्य की उदासीनता और समय के साथ बदलते सामाजिक मूल्यों का प्रतीक है। अधिकतर कविताओं का स्वर विडंबना बोध है।

मिश्र जी का शब्द-संसार विहंगम है। आप भाषा विज्ञान के अध्येता, कुशल अनुवादक, संवेद्य शब्द-शिल्पी और अर्थ-मर्मज्ञ हैं। कवि का भाषिक सौंदर्य उनकी रचनाओं की सबसे बड़ी विशेषता है। सरल, सहज और प्रवाहपूर्ण भाषा में गहन विचार और गंभीर विषयों को व्यक्त करने की उनकी क्षमता विलक्षण है। इस संग्रह की कविताएं एक ओर परंपरागत काव्य शैली से प्रेरित हैं, तो दूसरी ओर आधुनिक चिंतन और समकालीन संदर्भों का सशक्त प्रतिरूप भी प्रस्तुत करती हैं। कवि ने शब्दों के चयन और उनके संयोजन में ऐसा कौशल दिखाया है, जो पाठक के हृदय को स्पर्श करता है और उस पर

लंबे समय तक अपनी छाप छोड़ने में सक्षम है। मिश्र जी की शैली में सहजता और गहराई का सुंदर संतुलन है। सुग्राह्य संयोजन है।

'आँखों का इंद्रधनुष' मात्र कविताओं का संकलन ही नहीं, बल्कि यह मानव जीवन के विविध पक्षों का विश्लेषण और समाज के प्रति एक सशक्त संदेश भी है। कवि की दृष्टि केवल समाज की विसंगतियों को उजागर करने तक सीमित नहीं है, बल्कि साथ ही वे अपनी कविताओं के माध्यम से पाठकों को उन समस्याओं के समाधान की ओर भी प्रेरित करते हैं। 'विभा! तुम देखो' जैसी कविताएं आशा, आत्मविश्वास और सकारात्मक दृष्टिकोण का संदेश देती हैं। साथ ही 'अनाम पेड़', के माध्यम से कवि प्रकृति के प्रति हमारी जिम्मेदारियों और उसकी अनदेखी के परिणामों की ओर ध्यान आकर्षित करते हैं। इसमें जाति और वर्ग-आधारित समस्या की ओर विचार करने का आग्रह है।

इस संग्रह की कविताओं में कवि की भावनाओं और चिंताओं का प्रकटीकरण तो है ही, साथ ही साथ इसमें पाठकों के साथ एक गहरा संवाद स्थापित करने की बेचैनी है। कविता पाठक को उसके अपने जीवन और अनुभवों से जोड़ती है, जिससे वह स्वयं को कवि के विचारों में प्रतिबिंबित होता हुआ पाता है। इन कविताओं की पृष्ठभूमि कवि की प्रौढ़ वैचारिकता और साहित्यिक साधना है जिसके मूल में एक संवेदनशील हृदय है। इस संकलन के माध्यम से पाठकों को जीवन की जटिलताओं, संभावनाओं और सुंदरता का ऐसा अनुभव होगा जो उन्हें लंबे समय तक प्रेरित करता रहेगा।

'आँखों का इंद्रधनुष' उन पाठकों के लिए एक अमूल्य धरोहर बनेगा, जो साहित्य के माध्यम से जीवन को समझने और उसमें निहित सुंदरता का अनुभव करने की इच्छा रखते हैं। मुझे विश्वास है कि यह संग्रह पाठकों के लिए एक नई दृष्टि और ऊर्जा का स्रोत बनेगा और हिंदी साहित्य को समृद्ध करेगा। यह संग्रह विषयों की बहुआयामिता और गहन संवेदनाओं के कारण साहित्यिक

जगत में अपनी विशिष्ट पहचान बनाएगा। इस साधु संकलन की भूमिका के लिए मुझ अंकिचन को अवसर देने के लिए आदरणीय मिश्र जी का आभार प्रकट करते हुए यह कामना करता हूँ कि उनकी गरिमामयी लेखनी लोकमंगल के लिए निरंतर गतिशील रहे।

सादर,

केशव कर्ण

संपादक,
वनइंडिया हिंदी

अनुक्रमणिका

1. सरस्वती वंदना

चरणों में शीश झुकाके माँ
दिल तुझको ध्याता है
सुख-तोष की किरणें मिल जाएं
तन–मन यह गाता है।

तुम बिन इस जग में कौन है माँ
अंधकार–अविद्या काट सके?
तुझसे जो ज्ञान–प्रकाश सुलभ
है कौन उसे जो बांट सके?
सुख-तोष की किरणें मिल जाएं
तन–मन यह गाता है।

तुझ बिन हे माँ! यह नर–जीवन
पशुवत् दुख पाता है।

अपने अंतर को पहचानूँ
जग से पहले खुद को जानूँ
सब राग–द्वेष परनिंदा से
निर्लिप्त बनूं सुख भी मानूँ
दो शक्ति सहज इस मन को माँ!
निशि–दिन तुझे ध्याया है

तुझ बिन हे माँ! यह नर–जीवन
पशुवत् दुःख पाता है।

हो गीत तुम्हीं संगीत तुम्हीं
तुम वीणा, तुम स्वर लहरी हो
हो शब्द-अर्थ साहित्य-वेद
भावों की छलकती गगरी हो
तुम ज्ञानमयी तुम प्राणमयी
नहीं तुझ-सा कोई दाता है।

चरणों में शीश झुकाके माँ
दिल तुझको ध्याता है।

***

2. ये नज़ारे ये दुनिया

मैं रहूँ ना रहूँ
तुम रहो ना रहो
ये नज़ारे ये दुनिया
रहेगी सदा।

पत्ते पेड़ों से गिरते
जमीं पे अगर
धूल कण उड़के
नभ में मगर जाएंगे

खुश रहो ना रहो
पर पतंगे-खुशी
डोर के संग
उस ओर चली जाएगी

बस, हवा की लहर को
डगर मान के
उंगलियों के इशारे
जरा थाम के

बात तुझपे टिकी
तुम समझ लो इसे
ये नज़ारे ये दुनिया
रहेगी सदा।

मैं तो नाहक ही
खुद को रहा कोसता
अपनी जन्नत में
भीतर नहीं झाँकता।

तेरे पीछे पड़ा
वक्त जाया किया
तेरी ताकत को
सच में नहीं आँकता

मैं रहूँ ना रहूँ
तुम रहो ना रहो
ये नज़ारे ये दुनिया
रहेगी सदा।

जिसने माना
बिछावन बड़ा हमसफ़र
सूर्य की रोशनी की
उसे क्या खबर?

देखो, शहरों में
सड़कों, किसी पार्क को
जिंदगी के नज़ारे
किलकते उधर।

उसके कई रूप हैं
उसके कई रंग हैं

ज़र्रे–ज़र्रे उमंगें
छलकती सदा।

हर कदम पे
कहीं ज़िंदगी झाँकती
रौशनी भी चहकती
इसी बाग में

बस, नज़र खोलके
तू ज़रा देख लो
ये नज़ारे ये दुनिया
रहेगी सदा।

बड़ी पतली गली से
निकलके यहां
हम चले आए हैं
गीत ही गाएंगे

तुम सुनो ना सुनो
मेरी धड़कन हो तुम
तेरे रग में भी बहता
मेरा खून है

बस, यही बात है
बात करता हूँ मैं

मैं रहूँ ना रहूँ
तुम रहो ना रहो।

ये नज़ारे ये दुनिया
रहेगी सदा।

मैं कहूँ भी तुझे
तो कहां तक कहूँ
आज जो रात है
दिन में ढल जाएगी

कुछ बनो ना बनो
पर ये, जो है शमां
बस, खिसक के रहेगी
समझ लो जरा।

ऊँचे महलों
घरों शान-शौकत बहुत
मैं समझता कि
इनमें कहीं मौन है

जिसने इतना किया
वह तो दिखता नहीं –
जो दिखता नहीं –
तुम कहो कौन है?

खुदा की कसम
है खुदा ही मगर
कराता-बनाता
सभी कुछ यहां

कुछ करोगे
मिलेगा तुझे भी बहुत
बस, कदम लेके
बाहर को निकलो ज़रा।

    रोना–गाना बहुत सारा
    चलता रहा
    कुछ करो कुछ करो
    और मन में धरो

मैं रहूँ ना रहूँ
तुम रहो ना रहो
ये नज़ारे ये दुनिया
रहेगी सदा।

✳✳✳

3. नवान्न नहीं मालूम

पूंजीवादी दुनिया ने
कभी उदारीकरण
और कभी उपभोक्तावाद का
वर्चस्व फैलाकर बेड़ा
गर्क कर डाला है नवान्न का
मुनाफ़ा कमाने के लिए
सदी की
नई पौध को
उत्सवों का मर्म नहीं मालूम
नई फसल के नए अनाजों के लिए
चल पड़े त्यौहार
संक्रांति पोंगल बीहू और लोहड़ी
शस्य–श्यामला भारत के
अलग–अलग हिस्सों में
अलग–अलग प्रदेशों में।
विज्ञापनों से पटे बाजार को
नई पीढ़ी के लिए वक्त कहां है?
वह बताए भी उन्हें क्यों –
परंपरा का महत्त्व
जिसमें जीवन की ऊर्जा है
भावों से लबालब और संपुष्ट है
जिसकी वैज्ञानिकता।

डिब्बा–बंद और मुनाफ़ेदार
प्लास्टिक पैकों में सजे हैं
गांव के किसानों के
लहू–पसीने से उपजे
अनाज के दाने
चिलचिलाती और चमड़ियों को
झुलसाती तेज धूप में
श्रम का हवन करने से
खेतों में छाई थी हरियाली

बरसात में आकाश की नीलिमा जब
खेतों में उतरी थी
लहलहाई थीं, फसलें–
बच्चों को बताया नहीं जाता।

नौनिहालों को मालूम तक नहीं है–
धान जिसे बारिश में भींगते किसान
ठंड से ठिठुरते हुए
कभी–कभी कांपते हाथों से
रोपते हैं खेतों में
बच्चों को
सिर्फ मालूम है राइस
तरह–तरह के ब्रांड नामों से
जानते हैं सोना मसूरी
बासमती और कुछ अन्य

रंग-बिरंगे कशीदों वाले
चमकीले पैकों
ऊँची बोल बोलते मज़मूनों
और चित्रों वाले डब्बों में
बंद हैं मनलुभावन सामान
और पूंजी के भंड़ारों में
अँटे पड़े हैं बेशुमार
पब्लिक स्कूलों में
बड़ी फीस देकर पढ़ने वाले बच्चे
इन उत्पादों को
एग्रोप्रोडक्ट कहकर जानते हैं
उन्हें मालूम नहीं है फलियां
मटर मक्के और चने
पॉपकार्न जैसे कई नाम
चल पड़े हैं देशी वस्तुओं के
बहुमंजिली विशाल इमारतों में
रहने वाले बच्चे
आलू को लेज़ करके खाते हैं
गांव की गलियों की
आम-चीजों को
सुस्वादु और महंगी
खाद्य वस्तु मानते हैं

पता नहीं होता बच्चों को
हरी घास खाकर

मैदान से चरकर अ्रनेवाली
गायों का दूध
कितना अमृत होता है कि
गांव के कृष्ण, कन्हैया बन जाते हैं
मक्खन और नवनीत
ज्ञात नहीं भोले मासूमों को
वे तो नेस्ले के प्रोडक्ट में
अमूल्य ब्रांड नेम से
देशी चीजों का
नकली स्वाद जानते हैं।

***

4. कमरा अपना

घर खाली था मन भी सूना
कोई न आता-जाता था
रहना खाना सोना जगना
थोड़ा भी नहीं भाता था

आई चुहिया इधर-उधर की
लगा वहां सामान भी है
आई चिड़िया तो मैं जाना
कमरे का कुछ मान भी है

खुली धूप की परछाई थी
आए हवा यह रोक न थी
हँसी-खुशी की गूँज छिपी थी
पायल घुँघट ओट न थी

थे कमरे में याद के कतरे
लगे दिवाल को कान भी है
तारों-जैसे चमक रहे थे
लगा वहीं आसमान भी है

गंध-सुगंध कई रंगों के
कमरे में थे महक रहे,
लगे कि खंजन कीर-कबूतर
कई तरह से चहक रहे

शब्दों की कुछ खटर-पटर हुई
अर्थों की ताका-झाँकी
कुछ तो सीधे-सरल बहुत थे
कुछ की नज़रें थीं बाँकी

सोचा मैंने-
व्यर्थ अकेलेपन को कोसा करता हूँ
कितना भरा-पूरा यह कमरा-
क्यों नहीं, सोचा करता हूँ।

***

5. धृतराष्ट्र

खुद की सीमा को समझे बिन
करता था युग से प्रश्न कठिन
जन्मांध बनाया था विधि ने
विवेक भूला बैठा निशि-दिन।

उसकी अंधी कुंठाओं से
वर भीष्म - विदुर अवहेलित थे
हस्तिनापुर के नर-नारी
उस वक्त बहुत उद्वेलित थे।

युवराज युधिष्ठिर क्या करता?
मन की मन सहता रहता था
कुंती का मन कुंठा में था
और डरा आशंकित रहता था।

था हठी बहुत अविवेकी भी
भूला सुत-हित ईमान रहा
जिनके विरुद्ध छल-छंद किए
आखिर वह भी संतान रहा।

ऐसे कुरुपति को क्षमा भला
इतिहास कभी क्या कर सकता?
जो प्रलय मची उस युग में थी
उस क्षति को क्या कोई भर सकता?

खुद की मानवगत भूलों से
सौ पुत्रों का शव देखा वह
श्रीकृष्ण-युधिष्ठिर सब थे पर
कुछ शेष नहीं जो कहता वह।

विधि ने उसको सत्ता दी थी
वह न्याय की रक्षा कर न सका
अन्याय-छद्म के कारण ही
सुख-शांति सहित वह मर न सका।

जनमत और देश की मर्यादा
सब भूल, जहाँ जो करता है
अपने मन-सा नहीं जीता है
अपने मन-सा नहीं मरता है।

***

6. सुंदर गीत बनाने की

सबके मन में आपाधापी
सुख-संसाधन पाने की;
औरों के दुख से कतराना
अपना ढोल बजाने की।

सबसे बड़ी ज़रूरत मन की
अपना दर्द सुनाने की।

सुबह-सुबह जो शुरु किए थे
उसका क्या परिणाम मिला है;
एक घना अंधेरा ही तो
आते हर दिन शाम मिला।

मन में होता, पड़ी भी क्या है –
सबका बोझ उठाने की?
अंतर्व्यथा को जल्दी-जल्दी
मीठा गीत बनाने की?

कहते गलत को गलत नहीं
और सच से मुँह चुराते हो;
झूठ-मूठ का मधुर मौन रख
खुद ही से कतराते हो।

आज ज़रूरत आन पड़ी है –
दिल की बात बताने की ;
ठोकरें खा और आँसू पीकर
खुद मन को समझाने की।

क्यों दहकन-सी दिल में रखकर
ऊपर से मुस्काने की ;
सबसे बड़ी ज़रूरत मन की
अपना दर्द सुनाने की।

बेताबी है मन के अंदर
सहज ही सब कह जाने की ;
अंतर्व्यथा को जल्दी-जल्दी
सुंदर गीत बनाने की।

****

7. हम रुके हुए थे

हमें जानकारी थी
जानकारी न होने से
लगभग अंधकार में
रहता है आदमी

अंधकार में रहना
चंद्रलोक की यात्रा वाले
इस युग में
कितना विडंबनापूर्ण हो सकता है
हमें मालूम था;

अंधकार से मुक्ति के लिए
अलाव और अलाव के लिए
ईंधन का जुगाड़ करने में
हम असफल थे।

इस असफलता को
हासिल कर लेना पर्याप्त था
अन्य अनेक सफलताओं से
वंचित होने के लिए

हम जानते थे
इसलिए –
हम रुके हुए थे।
और केवल इतनी जानकारी लेकर
आगे कहीं जाना मुमकिन नहीं था।

✳✳✳

8. जादूगर

राजधानी में एक जादूगर आया
राजा ने ढोल बजाकर कहलवाया
जादूगर आँख की पुतली को
दाँतों से मिला देता है
जो भी मुश्किल है, जो भी नामुमकिन है
करके दिखा देता है।

दरबार लगा

मज़लिस जमी

एक आदमी ने

जादूगर से पूछा :

बेवकूफ बनाता है?

पुतली को दाँतों से मिलाता है? –

हुज़ूर, हम इससे पाँच सौ रुपए

की शर्त लगाता है।

जादूगर के पास

हाथ की सफाई थी

कई दरबारों में उसने

अपनी हुनर आज़माया था

उसने बाईं आँख की

नकली पुतली निकाली
और उसे दाँतों से मिला दिया
लोगों को बड़ा अचंभा दिखा दिया
चैलेंजी आदमी लजा गया
और हजार का अपना नोट बढ़ा गया
उसने आगे भी चैलेंज किया–
और बोला आँख की दूसरी पुतली भी तो मिलाओ।
जादूगर ने आवाज उठाई
यह तो बड़ा करिश्मा है,
भाई पाँच सौ और निकालो।
उसने कमाल किया–
इस बार नकली दाँत को खींचा
और पुतली से मिला दिया
कुछ लोग नाचने लगे
बचे हुए लोग– तालियां बजाने लगे
जादूगर का सिक्का चल गया था
वह काम भी अनोखा कर गया था
अवसर देखकर जादूगर बोला– खामोश !
आपकी शाबाशी
सिर–आँखों पर लेता हूँ;
लेकिन अपनी जादूगरी के लिए

एक और दाबत देता हूँ।
परसों शाम को
कंपनी बाग में आऊँगा
जो कभी नहीं हुआ वह कमाल दिखाऊँगा
शहर में जो एक हफ्ता पहले मरे हैं–
उन्हें जिंदा कर जाऊँगा
यह प्रयोग कई शहरों में
कर चुका हूँ
अपनी झुमरी तिलैया में
तीन मुर्दों को जिंदा कर चुका हूँ।
जादूगर का सिक्का आसमान पर था
दोपहर का सूरज ढलान पर था
भीड़ छँटने के बाद
एक नौज़वान पास आया और गिड़गिड़ाया –
गुरु क्या कर रहे हो?
मुर्दों को जिंदा कर रहे हो?
बाप मेरा मर गया है
बीस लाख कैश धर गया है
उसी के बल पर
जिंदा हूँ –
यह कहते हुए

बहुत शर्मिंदा हूँ
शशि थरूर को
भनक लग गई थी–
जादूगर माहिर है
उसके सामने
सब जाहिर है
उसका एक चमचा आया
और बोला
यार, जो लेना है, ले लो
किंतु जल्दी से चलते बनो;
लगता है तुम सुनंदा को जिलाओगे
शशि थरूर को मरवाओगे –
वह सारा सच बताएगी;
कइयों को जिंदा ही दफ़नाएगी
जादूगर सोचने लगा
इतना बड़ा शहर है
लाखों– करोड़ों लोग हैं
कोई नहीं आया जो यह कहे –
मेरी माँ को जिला दो
मुझे मेरे बिछुड़े भाई से मिला दो
कठपुतलियों की तरह हैं सभी

स्वार्थ की चाबी से चल रहे हैं
गबन और घूस की छोड़ो
करोड़ों के घोटाले कर रहे हैं
किसी के पेट पर
लात मार रहे हैं
किसी की पीठ पर
पांव धर रहे हैं और
किसी की छाती मसल रहे हैं
डरे हुए हैं सभी
कि उनका पोल न खुले
हर छल-बल कर रहे हैं।

✳✳✳

9. ज़रा मुस्कुराइए

जीवन है अजीबो–गरीब
उसमें हैं अपने करम
अपना नसीब
समझिए और समझाइए
ज़रा मुस्कुराइए
सिर ऊपर उठाइए।

रिश्ते हो जाते हैं बेरहम
थोड़ी–सी चोट
थोड़ी–सी चुभन
हँसके सह जाइए
ज़रा मुस्कुराइए
सिर ऊपर उठाइए।

गंदगी में
गलियों में नहीं
अच्छे स्थानों में
अच्छे पार्कों में जाइए
महान लोगों की
कृतियां पढ़िए, पढ़ाइए
ज़रा मुस्कुराइए
सिर ऊपर उठाइए।

सिर नहीं धुनिए कि
बच्चे और उनके सलूक
देते नहीं हैं सुकून
वे हैं जुदा इंसान
भले ही आपके खून
खुद से खुद फरमाइए
ज़रा मुस्कुराइए
सिर ऊपर उठाइए।

देश में है डाका
देश में है चोरी
अनेक जगहों पर
दिखती है सीनाजोरी
देश में है हत्या
देश में है बलात्कार
दगा है फरेब है
इस हालात को बदलिए
बेहतर की कोशिश–
एक दीप है, जलाइए
ज़रा मुस्कुराइए
सिर ऊपर उठाइए।

अपने कार्यों का संतोष
मन में रखिए
किसी पर उपकार न जताइए

कोशिश और संयोग से
सब कुछ हुआ जानिए
बना या बिगड़ा
यह बोध जगाइए
ज़रा मुस्कुराइए
सिर ऊपर उठाइए।

सोचिए हम हँसेंगे तो
सूरज उगेगा
बुझेंगे तो
कोई फूल न खिलेगा।

हमेशा मन में लाइए
किस्मत को न कोसिए, जनाब
ज़रा मुस्कुराइए
सिर ऊपर उठाइए।

✱✱✱

10. मैं बच्चा बन जाता हूँ

लगता कि मैं झूठमूठ ही
खुद को व्यस्त बताता हूँ
सम्मुख मां की बातों के
मैं खुद धोखा खाता हूँ

हर जीवन की वह सूत्रधार
अद्भुत पूंजी कहलाती है
मंद–मंद मुस्कान के बल पर
अपना गम सहलाती है

याद करूँ, जब माँ का गम
मेरी आँखें भर जाती हैं
मां ने कैसे–कैसे पाला–
याद मुझे आ जाती है

झूठमूठ की कथा–कहानी
कहती थी, बहलाती थी
काली नज़र का असर नहीं हो–
ऐसा मुझे सजाती थी

कोमल–कोमल मेरे मुख पर
टीका एक लगाती थी
मेरा जब तक काम नहीं हो
नहीं नहाती–खाती थी

बिन बातों मैं रोता था
लोरी बिना न सोता था
चंदामामा चंदामामा
मां गाती-दुलराती थी

अपनी आँखें बना-बनाके
कभी-कभी डरवाती थी
मंद-मंद मुस्कान के बल पर
अपना गम सहलाती थी

हर मुश्किल में शांत किया
कभी न मुझको भ्रांत किया
मुझपर बड़ा भरोसा था
बरसों मन को तोसा था

मन में बरबश आ जाती
बातें क्या कह जाती थी?

नटखटपन सब याद करूँ
और चुपके मुस्काता हूँ
भूल-भालकर साल-महीना
मैं बच्चा बन जाता हूँ ।

❋

11. रेलगाड़ियाँ

सारे के सारे डिब्बों में
भर गए हैं लोग
बाकी और भर जाएंगे
आगे और स्टेशनों पर
लोग ही नहीं भरे हैं
डिब्बों में भर गई है गरीबी
भर गई है आह
और भर गई है आशा

सवार होनेवालों में
कोई नहीं है शायद
जिसके पीछे
छूटेगा कोई हाथ
और हिलता रहेगा
प्लेटफार्म पर
देर तक

इनमें से किसी ने
अपनी कोई सीट
हफ्तों या महीनों पहले
मुकर्रर नहीं करवाई
इन पचड़ों से
दूर रहने वाले हैं ये लोग

और एक खास डिब्बे में
घुस जाना भर जानते हैं

रोज ही करती हैं
रेलगाड़ियाँ
ऐसे लोगों को जुदा
अपनी धरती से
माँ से
बहनों से
सगे भाइयों से
और सगे भाइयों से भी सगे
संगी–साथियों से

करने को कम नहीं
करती हैं ये रेलगाड़ियाँ
जोड़ती हैं–
भूख को भोजन से
हाथ को काम से
रेलगाड़ियाँ हैं कि–
एक मटमैला लिबास
सफेदपोश बन जाता है
गाँव की कच्ची दीवार
कंकरीट के जंगल में
तलाशने लगती है
पथरीली पहचान

रेलगाड़ियाँ हैं कि–
परती पगडंडी को
पक्की पिच से जोड़ती हैं
शहर से जोड़ती हैं
मजदूर को
पूंजी से जोड़ती हैं
श्रम को

सबसे बढ़कर
निर्मम निर्धनता को
आर्थिक वर्चस्व से जोड़ती हैं
समाज से कटे–छँटे व्यक्तियों को
जोड़ती हैं समूह से
अनगिन अबोध अभिमन्यु को जोड़ती हैं
सर्वथा नए चक्रव्यूह से

***

12. अंधेरे से

मैंने कर दी है शुरू
एक यात्रा उजाले की
कागज का समूचा संसार
कितना पराया था मेरे लिए
कलम की कोई जरूरत नहीं थी मेरी
वह एक चीज थी
जिसे मैं दूर से देखता था
दूसरों के हाथों में
और चहक जाता था

कागज का टुकड़ा
मेरे लिए महज कागज था
मुझे घबरा देता था
जब वह डाकिया के हाथों
घर आता था
मैं केवल उनका रंग
समझ पाता था
लाल, कत्थई या पीला

वह अपने साथ
और चाहे जो भी लाए
पहले एक लाचारी

जरूर लाता था मेरे लिए
मैं दूसरों के पास भागता था
उसे लिए बेचैनी के साथ
कई बार खुशी लेकर भी
घर लौटता था

लोग जहाँ कलम निकालते थे
मुझसे अंगूठा मांगा जाता
और मैं जिंदा रहकर भी
जैसे मर जाता था

ऐसी अनगिनत मौतों के बाद
यह जिंदगी मिली है उजली
मेरे लिए घने अंधियारे को चीरकर
उजाला हुआ है भोर का

अक्षरों की बहुत बड़ी दुनिया
अब मेरी भी दुनिया है
इसमें सुगंधि है फूलों की
काँटों की चुभन भी
जो बताती है आँखों में
अँगुली डालकर
समाज का यथार्थ
दिखाती है समय का आईना
मैं अब कभी नहीं कहूँगा –

हम पशु हैं बिना पूँछ के
या काले अक्षर भैंस के मानिंद हैं
मेरे लिए
या कि ईश्वर अंधा है
उसने मेरे नसीब में
अंधेरा लिख दिया है
मैंने कर दी है शुरू
एक यात्रा
अंधेरे से उजाले की

***

13. मैं नहीं पदचिह्न

मैं नहीं पदचिह्न
तेरा बन सका हूँ
सिर्फ शायद इसलिए
तेरा छलावा झेलता हूँ

हर गिले-शिकवे को
फिर-फिर भूलता हूँ
और किसी सद्भाव की
आशा लगाके
वक्त का चेहरा निहारूँ–
चाहता हूँ।

मैं नहीं
आस्तीन का दुबका हुआ
जो डँस सकूँगा –
साफ अपनी बात
कहना चाहता हूँ
मैं नहीं पदचिह्न
तेरा बन सका हूँ।

आदमी हूँ
आदमी से
आदमीपन चाहता हूँ
कारवां भी

हर किसी के साथ
हरदम कब रहा है?
जानता हूँ
मैं नहीं पदचिह्न
तेरा बन सका हूँ।

हर तरफ
पसरी हुई
कोई खलबली है
हर कोई
साजिश की शिरकत
बना–सा दिख रहा है
तुम हमेशा बो रहे
कोई गड़बड़ी हो
मानता हूँ
मैं नहीं पदचिह्न
तेरा बन सका हूँ।

सच कथन को
शत्रु–सा व्यवहार
हरदम सोचना क्या
न्याय का होता नमन है?

छोड़कर आवाज़
जो भी चुप बने हैं
तुम उन्हें

अपना समर्थन मानते हो
जानता हूँ , मैं नहीं पदचिह्न
तेरा बन सका हूँ
और फिर
तेरा छलावा देखता हूँ।

***

14. आईना

घर नया बनवाया था
नए घर का
नयापन दिखाना था
खूब चमकाना था
घर को महलों की
प्रतिस्पर्धा में लाना था
सोचा आईना चाहिए
ऐसा आईना
जो सुंदर दिखें
सुंदर दिखाए
सुंदर को और सुंदर दिखाए
दुकानदार को हमने फरमाया
दुकानदार ने एक आईना दिखाया
वह आईना नूरजहां का था
जिसे उसने ईरान से मंगवाया था

आईना पुराना था
किंतु दमदार था
जितना चाहिए शानदार था
दुकानदार ने
अब दूसरा आईना दिखाया
उसे पहले से ज्यादा महंगा बताया

उसमें हर औरत परी दिखती थी
परी, और परी दिखती थी
वही आईना था
जो मेनका के पास था
उर्वशी वाला आईना
दुकान में बड़ा खास था
वह आईना अंधेरे को
उजाला दिखाता था
आदमी को मजनूँ –
औरत को लैला बताता था।

मेरा मन उधेड़-बुन में था
एक विचित्र-सी धुन में था
अच्छा से अच्छा आईना
पाने के जुनून में था
मैंने कहा –
ऐसा आईना दिखाओ
जिसमें मेरा चेहरा
मेरे दादाजी का लगे
और मेरे चेहरे में
मेरे पोते का चेहरा भी दिखे
जिसमें मेरे बिछुड़े मित्र
और दिवंगत पुरखे दिखें

ऐसा आईना लाओ
जिसमें मेरे गलत काम
बिलकुल सही दिख सकें
सही, और सही दिखें
सच, झूठ दिख सके
झूठ, सच दिख सके
सब गर्हित पवित्र दिख सके
सिर्फ मेरा उज्ज्वल चरित्र दिख सके
दुकानदार हक्का–बक्का था
वहाँ अब गहरा सन्नाटा था
मौन छा गया था
लग रहा था–
दुकान में दिमाग से खिसका हुआ
एक इंसान आ गया था।

✳✳✳

15. पिता से क्षमा - याचना

पिता क्षमा कर देना
कि हम आपकी उम्मीदों पर
खरे नहीं उतर पाए
इसमें निराशा की बात
ज्यादा हमारे लिए है।

बेटों को लेकर
पिता के सपनों का औचित्य
कोई इंकार नहीं कर सकता
यह हमारी व्यथा है
हम गलत समय में
पैदा हुए।

और गलत दुनिया में
हमने सही सपने
देखने की कोशिश की
और वे सपने
सही साबित नहीं हुए।

पिता क्षमा कर देना
कि हम आपके द्वारा निर्धारित
गंतव्य की ओर चल नहीं पाए

सचमुच हमें या तो
वैसे पैर नहीं मिले
या फिर रास्ते

पिता सचमुच हम
रास्ता नहीं बना पाए अपना
हमें बस
मिलते गए रास्तों पर
चलना पड़ा।

और आपको बताऊँ
कि रास्ते
आपके रास्तों से
कम बीहड़
कम ऊबड़–खाबड़ नहीं रहे

इसीलिए
हम तो बस
चलते रह गए
कहीं पहुँचने की
कोशिश में।

***

16. बेटी

शक्ति लगने वाली बेटी
आदिशक्ति है
शक्तिपीठ है
उसका खुद पर पछताना
अब ठीक नहीं है।

नहीं पढ़ेगी, घर में रहेगी
ऐसा बहाना ठीक नहीं है
उसे पराया धन समझाना
ठीक नहीं है।

अंजनी पुत्र भी भूल गए
अपनी ताकत थे
कन्या के बल को बिसराना
ठीक नहीं है।

बेटी घर की शान
और इज़्ज़त होती है
सही वज़ह बिन
सभी कहीं पर
आना–जाना ठीक नहीं है

ढीठ बनो और बात न मानो
एक बेटी का

यह मनमाना
ठीक नहीं है।

उथल–पुथल से भरा हुआ
मानव का जीवन
जाना–माना राग पुराना
ठीक नहीं है।

बेटी घर की नाज़
और वह नई ताज़गी
बेटी पाकर पछताना
अब ठीक नहीं है।

बेटी पराई जैसी बातें
बहुत पुरानी
अब उसको ले
सिर खुजलाना
ठीक नहीं है।

*** *

17. अनाम पेड़

मेरे गांव का यह पुराना पेड़
हमारा सबसे आदरणीय बुजर्ग है
लोग नहीं जानते
यह कौन पेड़ है
इसे किसने यहां लगाया है
परंतु यह
पिछली सदी से ही
गांव के निरंतर बदलते परिवेश में
अपरिवर्तित–सा और तटस्थ खड़ा है
सब कुछ का साक्षी
सब किसी का साथी
बनारसी लाल के पिछवाड़े में
करुअइनी का वह पेड़
बच्चों के लिए भयावह है
बच्चे वाकिफ हैं
इसी की डाल में फांसी लगाकर
बनारसी लाल की बीवी मर गई थी
सातवीं बेटी को जनने के बाद
गांव के किनारे
उस घनी बँसवारी के बीचों–बीच
उस ठूँठ पीपल के पास
बच्चे क्या सयानों का जाना भी

जीवट का काम है
मृत्यु को प्राप्त लखमी
गोनू, कोदई, धीरुआ और लंगटा
ऐसे ही कितनों की आत्माएं
प्रेत बन उसपर बसती हैं
व्यक्ति के जाति होने की पीड़ा
समाज में भिन्न संप्रदाय होने की व्यथा
इसने निकटता से देखी है
पेड़ों में पीपल
इमली, पाकड़ अथवा बरगद होने का
अपना–अपना संदर्भ
अपना–अपना दर्द है
यह पेड़ परमहंस है
बिलकुल निस्पृह और बेदाग
बिना किसी भेदभाव के
गांव के सुख–दुख में शामिल
कौए हर भोज के बाद
इसकी डालों में
अपनी चोंच पोंछते हैं
कुत्ते हर दुपहरी में
इसकी छाया में पनाह लेते हैं
बच्चे कड़ी धूप में
स्कूल से लौटते हुए
यहीं सुसताते हैं

बागमती का बरसाती कोप
कालाजर का सर्वनासी प्रकोप
युवकों के ठहाके
बच्चों का ककहरा
न जाने कैसा
न जाने कितना
इसने देखा है
समय का बदलता चेहरा
पेड़ ने अपनी नियति को
आदमी की नियति के सापेक्ष परखा है
जाति-गोत्र से हीन
यह अनाम पेड़
बेनाम होने का दर्द
बदनाम न होने की
सुविधा में भूलता आया है
और भूलता ही जाना चाहता है।

***

18. मन में खलबली मची

मन में खलबली मची
अब चला-चली भई।

काश! थोड़ी और भी
गंध तेरी फैलती
आप कुछ नई बनी
पास आके बैठती।

रुत भली थी खूब और
राह वह अलग चली
मन में खलबली मची–

जो हुआ भली मिली
अधखुली कली खिली
आस जो रही नहीं
बात भी वही चली

हाल सब वही रहा
चाल सब वही रही
सब भली-भली थी वो
पर अलग गली रही

मन में खलबली मची
अब चला-चली भई।

हम मिले–
क्या कम मिला
कोई हमक़दम मिला
मन जो था डुबा–डुबा
वह बना खुला–खिला

और क्या ये कम मिला?

भावना, नई मिली
कामना, नई खिली
अब चला–चली भई
मन में खलबली मची।

✻✻✻

19. ड्राइंग रूम में फोटो

परिवार आगे बढ़े
और बच्चे पढ़ें
यही मकसद लेकर जिया
दिन-रात एक किया
न अपने ऊपर ध्यान दिया
न पत्नी के लिए कुछ किया

न तीर्थ कराया
न किसी पर्यटन का सुख लिया
सिर्फ़ परिवार की बुनियाद
गढ़ने पर ध्यान दिया

जल्दबाज़ी और भागम-भाग छूटी
खुशी होठों पर फूटी
श्यामा खुश थी
अच्छेलाल घर आ गया था
बच्चे भी मुदित हुए
लंबित मांगों की
पूर्ति के लिए संभावना बनी थी

अच्छेलाल को
होश ही नहीं था
अपने शौक के लिए
जोश ही नहीं था

एक अदद फोटो खिंचवाने की
ज़रूरत पर ध्यान ही नहीं गया
ऐसा अवसर पाया जाए
इसकी कोई मंशा नहीं रही
किसी की कोई अनुशंसा नहीं रही
पिताजी का अच्छा फोटो
ड्राइंग रूम में सही जगह पर
अच्छे से लगवाना है

परिवार ने सोचा एक खुशी,
एक अदद तोहफ़ा
पिताजी को दिया जाए,
और चाहे
जो भी किया जाए

श्यामा ज्यादा खुश थीं
बच्चों को बाप याद आए थे
उन्होंने
एक नई साड़ी बाँधी
बाल सँवारे,
बिंदिया लगाई
और बड़े अरमान से
पति के संग
एक तस्वीर खिंचवाई

फोटो में पिताजी का संघर्ष
और मां की मशक्कत
खूब दमक रही थी
मां की बिंदिया
कुछ यूँ चमक रही थी।

***

20. भारत की रेल

दुरन्तो कोई, सुपर होती
है कोई, कहलाती मेल
भारत भर में कहीं भी जाओ
यह भारत की रेल।

गिरि हैं कहीं, कहीं जंगल है
दिखते हरे-भरे वन-खेत
मिलती कहीं, नदी बहती है
फिर दिखती, फैली है रेत

कभी विहँसती दुल्हन दिखती
बच्चे दिखते करते खेल
भारत भर में कहीं भी जाओ
यह भारत की रेल।

रिश्तों में शायद शादी है
सफर कर रही मां-दादी हैं
कहीं रेशमी झाँक रही है –
कहीं सिर्फ दिखती, खादी है

गर्मी की छुट्टी का सुख है
आनंदित खूब, अतिशय खुश हैं
चहल-पहल है खूब मज़ा है
यात्री बच्चे खासा खुश हैं

कोई बीमार है कांख रहा है
जाने क्यों एक हाँफ रहा है
सुख का, दुख का कैसा मेल
भारत भर में कहीं भी जाओ
यह भारत की रेल।

अंदर में कहीं ठाट-बाट है
लगता कहीं कि लगा हाट है
कोई आरक्षित सीट ले बैठा
है कोई दीन-हीन, कोई ऐंठा

कई डिब्बों में सुख-सुविधा है
कई में बेहद ठेलम-ठेल
भारत भर में कहीं भी जाओ
यह भारत की रेल।

गांव का कोई भोला-भाला
बैठा कोई टोपी वाला
बच्चे डरे-डरे हो जाते
देखो, आया चेकिंग वाला।

टीटी जेलर जैसा होगा
बिना टिकट मत पकड़ो रेल
भारत भर में कहीं भी जाओ
यह भारत की रेल।

कभी मिल जाते बिछुड़े साथी
और कभी कोई अन्य विशेष
मन की आँखें खोलके देखो
धरा–गगन सौंदर्य अशेष।

मन से गर हैं मुक्त नहीं तो
समझो, उसका सब कुछ फेल
भारत भर में कहीं भी जाओ
यह भारत की रेल।

✳✳✳

21. हमें पैसा चाहिए

हमें पैसा चाहिए
इतना कि हम पेट की
भूख मिटा सकें– परिजनों को खिला सकें

कुछ और पैसा चाहिए हमें
कि जरूरी कपड़े सिलवा सकें
मौसम की प्रतिकूलताओं से
लज्जा से खुद को बचा सकें

और चाहिए पैसा
कि एक घर बनवा सकें
उसमें खुद रह सकें
और बच्चों को सुरक्षा दिलवा सकें

पैसा, और पैसा चाहिए
कि हम दूसरों से बेहतर
दूसरों से आगे खुद को दिखा सकें

हमें इतना पैसा चाहिए
कि दूसरों को नीचा दिखा सकें
फिर पैसा
और फिर पैसा चाहिए
कि हमारे पोते के पोते को भी
पैसे की चिंता न रहे

पैसा इतना चाहिए
कि हम कोई सुखराम बन सकें
हम सबको डपट सकें
हम सबका झपट सकें

पैसा इसलिए चाहिए
कि हम पैसेवाले माने जाएं
पैसा, पैसा
और फिर पैसा चाहिए
कि हम सिर्फ़ पैसा
तथा पैसा–पैसा करते–करते
जीते रहें अपना जीवन
और एक दिन मर जाएं।

❋ ❋ ❋

22. बेटी जानकी

पिता जनक ने तो
तुम्हें सौंपा था राम को
जो थे अयोध्या–नरेश के
यशस्वी राजकुमार

तुम्हारे विवाह के लिए
स्वयंवर किया था पिता ने
भव्य और शानदार
जिसपर संपूर्ण मिथिला को
नाज़ है अब भी
खुशियां ही खुशियां थीं!

रावण तो हार गया था
धनुष यज्ञ और स्वयंवर की
उस सभा में।

धरती की कोख से
तुम्हें पाकर
तुम्हारी मां सुनयना
निहाल हो गई थी

रीति–नीति से
विधि–विधान से
विवाह रचाया था

संयोग ऐसा कि तुम पति संग
वनवासिनी हो गई!

चाहे श्राप दूं मंथरा को
या गुस्सा करूँ
कैकेयी पर –
उस धोबी को भी
कोस कर क्या होगा?
तुम पति से फिर वियुक्त हुई
परित्यक्ता होकर
लव–कुश को तेजस्वी बनाया।

किंतु बेटी! बताओ न तुम्हीं–
क्या कोई जनक
अपनी जानकी की
हर खुशी के लिए
कितनी गारंटी दे सकता है?

***

23. मेरी कविता

शब्दों और वाक्यों की
इस व्यवस्था में
मैं काफी अनुपस्थित
पाता हूँ खुद को
वर्णमाला शुरु करवाई थी
बाबा ने मौजे ठाकुर की
बनाई पाटी पर
जिसके लिए मुहूर्त निकाला था
पंडितजी शुकेश्वर तिवारी ने
वर्णमाला और वर्तनी की
गति को धार दी थी
उस छड़ी ने जो
सरजूलाल मास्टर के हाथों
सटासट पड़ती थी
मुझ–जैसी नाजुक
हथेलियों पर
अर्थों में
पूर्वजों के अनुभव
उनके आंखों देखे गए दृश्य
किसी के चित्र
किसी के मन के तार

अधिक बजते हैं
अगर करोगे कोशिश
यहां पुराने सूरज में
कोई नई किरण दिखेगी
हो सकता है
तुम्हें मिल जाए नदी
जिसमें जीवन बहता हो
और कोई तरंग
जिसमें आकांक्षा उमड़ती हो
अगर तुम्हें
यहां आई मिट्टी में
महमह कोई महक मिल जाए
जो कभी विलीन हो चुकी
पंखुड़ियों से संबंधित हो
मैं तुम्हारी विशेषता मानूंगा
यहां अगर आए हों पत्थर
तुम उसे किसी अनसुनी तड़प की
जड़ बन चुकी विडंबना समझना
यहां यदि पा जाओ पेड़
इसमें अपने दादा के दादा की
आकांक्षा की गरमाहट पाना
और चाहना कि उसमें
अपने पोते के पोते के लिए
खिला दें फूल

अगर कुछ भी हरियाली
अगर कुछ भी खुशियाली
अगर थोड़ी मुस्कान
संभव हुई तो वही मेरी होगी
और मेरी कविता की पहचान।

***

24. समय को वर्ष को

सोचता हूँ हो गया है
क्या समय हो
व्यक्ति को
अभिव्यक्ति को
और सत्ता को ?

है चुभन अस्तित्व को
पेड़ों को
पत्ता को

मैं विजय हूँ
विगत का
आगत का
साँसत का
मुसीबतों के सत्य का
अभिनव चलन का
चमन का
प्यार का
झूठे अहं का
हूँ पराभव
चल रहे षड्यंत्र का
नेपथ्य का

हार हूँ मैं

हर खुशी का
और बिगड़ी हुई
हँसी काँ
मुसीबतों के प्यार का
हारे पथिक का
मान का
अभिमान का
मैं हूँ पराजय

चुनौतियों–चिंगारियों के
मैं हूँ कारण
आ रही लाचारियों के
मार के
दुत्कार के
चीत्कार के
मैं हूँ निवारण

चक्र हूँ
कुचक्र का
और ऋजुपन
वक्र का
मैं हूँ सुदर्शन
कृष्ण का

एक वातायन खुला
नव–ज्योति का

एक खिड़की
नवजीवन की आस की
जिंदगी की
एक मीठी प्यास की

हास की उल्लास की
उजली किरण हूँ
और उत्कंठा
सृजन की
नाश की

इस किरण की
राह को आओ सजाने
वक्त के प्रशस्त पथ को
हर्ष को
सोचता हूँ क्षण नहीं
उत्कर्ष है
यह समय अभिनव
नया यह वर्ष है।

***

25. विभा ! तुम देखो

विभा! तुम आँखें खोलो-देखो!
इस अनंत विश्व की आभा
मन में लाओ-देखो!

देखो, चिड़ियां चहक रही हैं
कलियां महक रही हैं;
प्राण-मुदित कण-कण में दर्शित
धरती गमक रही है!
विभा! तुम आँखें खोलो-देखो!

कल-कल करती नदियां देखो
हर्षित ऊर्मि-तरंगें
नवल धवल उज्ज्वल
सब देखो, देखो हर-हर गंगे।
विभा! तुम आँखें खोलो-देखो!

ज्योति कलश ले धरा नहाई
कुदरत में तरुणाई
कलि खिली है फूल हैं विकसित
नव मोहकता छाई
ऐसी शमां किसे नहीं भाई
मन में सोचो, भाई
विभा! तुम आँखें खोल – देखो!

नव प्रभात नव किरणें पाकर
चहक रहे सब पंख-पखेरु
नवल कमल पोखर में शोभित
चमके शृंग-सुमेरु
विभा! तुम आँखें खोलो-देखो!

पूरब दिशा की क्षितिज निहारो
रंजित है अरुणाई
नीले नभ की आभा देखो
अनुगूंजित अमराई
विभा! तुम आँखें खोलो-देखो!

❋❋❋

26. दीपों के त्यौहार

दीपों के त्यौहार, सदा तुम
लगते मुझको प्यारे हो
टिमटिम करते आसमान से
उतरे हुए सितारे हो
सदियों से हे दीप, ज्ञानमय
ज्योतित हैं तुममें बीते दिन
करते इंतजार हैं जन-जन
बरस बिताते दिन गिन-गिन
शरद सुहाना जब बीत जाए
शिशिर सलोना तुम लाते हो
तेरी जोत की डोर पकड़कर
पुरखे मानो उतर आते हैं
जगमग-जगमग करती गलियां
देह-द्वार-दिक् सज साते हैं
तेरी मोहकता ही ऐसी
तेरे गुण जन-जन गाते हैं
तेरे प्रिय प्रकाश में प्रियवर
भाई भरत का नेह मिला है
स्नेह उमड़ता लगता रहता
मां कैकेई का प्रेम खिला है
अंधकार में लिपटी धरती

दुल्हन जैसी सज जाती है
अमा-निशा की काली अलकें
अवश नहीं कुछ कर पाती हैं
शक्तिमान प्रतिपक्ष अगर है
जनबल भी कुछ कर सकता है
गाढ़े काले तम से लड़ते
दीपक दीपन कर सकता है
रही अयुद्ध के लिए सिद्ध जो
वह नगरी बदनाम हो गई
हे दीपों की ज्योति ! करो कुछ
शांति कहीं गुमनाम हो गई
दीप जलो, उस मन में जाओ
टूटे दिल जो हारे हों
दीपों के त्योहार, सदा तुम
लगते मुझको प्यारे हो

***

27. दुविधा

वे आए थे
हमारे छोटे घर में
जहां हमारी दरी छोटी थी
अपनी संभावनाएं तलाशने
शहर में
यहीं से निकलते थे
रोज़ सुबह
और देर रात को आते थे
हम देखते थे
उनके पांवों में
बँधी होती थीं आंधियां
या कि वे
बाँहों में आकाश
समेट लेने को परेशान थे
ज्यादा अजीब तब लगता है
जब वे आज करते हैं घोषणा
मदद की उम्मीद में
की जाती है मदद
और इस सिद्धांत का पालन करते हैं
मैं दुविधा में हूँ
कि होशियार वे हैं

या कि भला मैं हूँ
मैं अब भी वहीं हूँ
अपनी तंग कोठरी में
छोटी दरी पर
वक्त बिताता हुआ
खुद को बिछाता हुआ

***

28. बहुत कठिन है!

प्यार किया
और प्यार मिलेगा
ऐसा यार भी हो ;
जैसा अब तक सोच रहे हो
वह संसार भी हो
बहुत कठिन है, सहज सोचना !
जैसा औरों का देखा
अपना परिवार भी हो
मुश्किल से होता है संभव
सुख–संसार भी हो
बहुत कठिन है, सहज सोचना
खूब ऐश्वर्य किया है अर्जित
वह उस पार भी हो ;
जो भी अब तक सोच रहे हो
वह सुख–सार भी हो
बहुत कठिन है, सहज सोचना।
देश का संकट
देश की पीड़ा
समझें, प्यार भी हो
खंडित नहीं हो
विकट युद्ध में

वह तलवार भी हो
हर संघर्ष हरेक युद्ध में
रिपु की हार भी हो
विजयश्री जयमाल पिन्हाए,
यह हर बार भी हो
बहुत कठिन है, सहज सोचना।

***

29. मैं कारण हूँ

मैं जैसा हूँ, मैं कारण हूँ

अपना एक घर–वार बसाया
खूब रहा उसमें भरमाया ;
जो भी पाया और गँवाया
सबके पीछे मैं कारण हूँ।

धरती पर आया मुस्काया
और बहुत कुछ खोया पाया
चलती –फिरती साँस बना हूँ
इन बातों का मैं कारण हूँ।

बच्चे बिगड़–संवर गए पाकर
मैं कारण हूँ साधन लाकर
जिन कष्टों को मैंने झेला
उनसे दूर रहे ये आकर
इन बातों को समझ रहा हूँ
मैं कारण हूँ, मैं जैसा हूँ।

मित्र बनाए सखा बनाए
सब रिश्तों का साथ निभाए
पढ़ा–लिखा बिन पढ़ा बना हूँ
बिन पत्तों का तना बना हूँ।
मैं जैसा हूँ मैं कारण हूँ।

✳ ✳ ✳

30. बुढ़ाता कुआँ

अजीब-सी किस्मत पाया है
यह बुढ़ाता कुआँ
एक फलते-फूलते
दरवाजे की शोभा
वीरान का रोदन बन गया है
हजारों बीघे खेत
अब घरों में
गाँवों व मुहल्लों में
तब्दील हो गए
जंगल के स्थानों पर
महल उपज आए
यह कुआँ अब
बाँसों और कांड़ा के बीच
अपने अस्तित्व के
दिन गिन रहा है
उसके गिर्द
धामिन और गेहूँअन रहते हैं
पुरानी घराड़ी की
यह धरती
अब हरियाली उगाने में
उदार नहीं दिखती
बहुत सींचो तो

बेगुन उपजता है।
गाँव के एकदम पश्चिम
टोले के एक किनारे का
वह दरबाजा
सुबह–शाम गाँव वालों के
जमावड़ों का केंद्र
सुबह खेत को जानेवाले
शाम खेत से लौटनेवाले
इसी रास्ते जाते
हमेशा चहल–पहल से
युक्त दरबाजा
यह कुआँ
कुएं की जगत
सब अब
अपने अतीत में
खोया लगता है
पास के शहर की कहानी
आसपास के गाँवों की
घटना–दुर्घटनाएं
यहीं सुनी और कही जाती थीं
यह कुआँ साक्षी है
सगरी की मतारी
कैसी थी ?
और मरी कैसे

रामचंद्र की बूढ़ी माँ
दुःख से अपने इकलौते बेटे को
जनी थी, पाली थी
उसी बेटे ने कैसे
अंतिम समय में
खून के आँसू रुलाया
लखराज गिर
भीख मांगकर धन जमा किया
बीरजू गिर कौन कम था
रघुनन ने
लाला मुरली प्रसाद के
यहाँ ऐसा विश्वास जमाया
कि वाह !
मालोमाल हो गया
घर का दुःख–दलिंदर
भाग गया
उसकी मतारी
इसी कुएं वाले
घर से जुड़ी रही
उसकी ममता की डोर से
बँधी रही
पांडे जी जवान थे
समय खिसकता गया
बूढ़े हो गए

कब के
मर-खप गए
भुट्टी नाँनी
आज भी नहीं भूलती
आँखों में बार-बार
नाचती उस खुशियाली को
याद कर आँसू बहाती है।
कैसे बीतता है
कैसे सरकता है
कि पता नहीं चलता
समय कहाँ से
कहां चला आता है।

***

31. वह लड़की

ज्यादातर चुप रहती थी,
मुझे उसी लड़की में
हरसिंगार की तरह
झरती हुई हँसी का
इंतजार था

मुझे लगता था
वह हँसती जरूर होगी
अपने चतुर्दिक
वह चुप निहारती थी
खासकर मन मोहनेवाली
चिड़ियों को

उसके मन में
चिड़ियों की
बहुत-सी महीन आवाजें
इकट्ठा थीं
उन आवाजों में
कभी झरनों की तरह
फूट निकलने की
व्याकुलता जरूर थी

वह मौन को
सौंपती जाती थी अपने भाव

लहरों की तरह
बह नहीं पाती थी

उसकी आंखों के इंद्रधनुष का
मुझे नहीं पता
लेकिन वह
एक माचिस की तरह थी
तीली के रगड़ी जाते ही
प्रज्वलित हो सकती थी

वह लड़की दिन में
अंधेरों में रहने जैसा रहती थी
या कि अंधेरे में
अपलक लौ−सी जलती थी

मुझे नहीं मालूम
वह लड़की कौन थी
या कि उसी में आकर
सभी लड़कियां मौन थीं।

✳✳✳

32. उलझा एक किस्सा

चालीस के पार का आदमी
यानी कनपटी के पास
गुजरे वर्षों की सफेदी ओढ़े
थोड़ा गमज़दा
थोड़ा उदास
जिम्मेदारियों के बोझ तले
कुछ दबा
कुछ झुका
कुछ मायूस
अनुभव की पूंजी
मुट्ठी में टटोलते हुए
परिवार को वो सब देने की
कोशिशों का मूल्यांकन करते हुए
बदरंग और बेरंग।
याद करते हुए
वो सुख
वे साधन
जो उसे न मिले थे।

भरा–भरा घर
अपनापन के कतरों से खाली
जैसे सूखी चाय वाली प्याली

मनमौज़ी और बेपरवाह बच्चे
पति के रूप में
शिकायतों का पोथा
पत्नी का रुआंसा चेहरा
अनकहे ग़मों की पोथी
जिंदा रहने की चाह का
अनचाही लगना–
बच्चों से अलग
घर से बाहर
सुख की असफल खोज का
बेदम मुसाफिर
गांव के अंतिम छोर पर
सुनसान एक घर
और उस घर का
एकदम एकांत हिस्सा
शाम मतलब
थकी आँखें
रात मतलब
नींद बोझिल पलकें।
पता चला कि
जो किया गलत था
जो पाया –
नाकाफ़ी था।

चालीस के पार
आदमी, अर्थात्
जिंदगी और मौत के बीच
उलझा और फँसा –
एक किस्सा

***

33. मां के अरमान

ठुमुक–ठुमुक चलने की आहट
गूँज रही अब कानों में
नन्हीं–नन्हीं अंगुलियां हैं
गुद्गुद अब अरमानों में।

चलना गिरना फिर उठ जाना
पग तेरे मृदु पाँखों–से
देख रही हूँ निशि–दिन तुझको
अपने मन की आँखों से।

मन मेरा झूमा करता है
बाल–क्रीड़ा के गानों में
नन्हीं–नन्हीं अंगुलियां हैं
गुद्गुद अब अरमानों में।

रंग–बिरंगे खेल–खिलौने
मन में चहक रहे हरदम
इस धरती पर सबसे बढ़कर
तुम होगे मेरे हमदम।

ऊपर चाँद में छुपे हुए तुम
मैं धरती पर नीचे हूँ

तीव्र गति से हाँक रहे हो
उस रथ के मैं पीछे हूँ।

ऊपर आसमान को छू लो
खूब बड़ा तुम, बड़ा बनो
तेरे नीचे जग हो सारा
पर्वत–जैसा खड़ा बनो।

पूरब–पश्चिम उत्तर–दक्षिण
सब दिशाएं गुणगान करें
जो कोई भी तुम्हें पुकारे
मेरा ही यशगान करे।

बहुत बड़े तुम, बहुत बड़े हो
मां के इन अरमानों में
ठुमुक–ठुमुक चलने की आहट
गूँज रही है कानों में।

रुकना थकना और ठहरना
जीवन में ये शब्द न हों
मां के आँचल से भी बढ़कर
स्नेहयुक्त कोई शब्द न हो।

तुम मेरे अतीत के गौरव
तुम भविष्य के सूरज हो

शबनम–जैसी तेरी यादें
शैशव की तुम मूरत हो।

शील–स्वभाव के आगे तेरे
लोग सभी नतमस्तक हों
मां के कोमल मन के ऊपर
तुम एक मीठी दस्तक हो।

सबसे ऊपर तुम बैठे हो
आशाओं अरमानों में
ठुमक–ठुमक चलने की आहट
गूँज रही है कानों में

***

34. बड़ा आदमी

शहर में
सिर्फ जगह तलाशने
आया था वह
दो जून की रोटी थी–
उसके समक्ष बड़ी मुसीबत

पहले उसके पेट भरे
फिर आगे को उभरे
उपवास या रक्तदान
मंदिर–मस्जिद या गुरुद्वारे
कुछ भी नहीं
बड़ा आदमी बनने का
नशा उसी की सनक था

धुन यही
उसे चलायमान रखती थी
उसके पास कोई विचार नहीं था
उसका कोई उसूल भी न था
लोगों को
कई तरह के सपने दिखाना
समाज को बदलने की
देश को बदलने की बातें करना

बस यही था–
और यही किया उसने
बड़ा, कैसा बड़ा
वह सोचता नहीं था
और वह बड़ा आदमी बन गया

उसे मालूम हो गया इस युग में
बड़ा आदमी बनना
कठिन भी नहीं है बहुत
वह कोशिश करने लगा
अपने घर को भूल जाना है
माँ–बाप को
और मूल को भूल जाना है
सबसे कट जाना है
आज बड़ा आदमी है
इतना बड़ा है
जितना उसने सोचा न था

❋❋❋

35. अमरचंद वर्मा

शब्द सृष्टि की कुँजी है
और है आदमी के आदमी होने की
सबसे जिंदा सबूत है
वे कहते थे।

शब्द दिक्काल से
जूझने का ज़रिया है
और हमारे मन को घने
अंधकार से उबारता है
वे मानते थे।

मौन के अवरोध को
तोड़ने के लिए
शब्द
सबसे बड़े साधन हैं
उनका विश्वास था।

इन्हीं बातों के बीच
किसी ने कहा–
अमरचंद वर्मा नहीं रहे
कवि–गोष्ठी का
एक और आदमी बोला–
उन्हें मरे तो एक महीना हो गया।

मुझे लगा –
कविता की
एक दहकती इच्छा
वर्फ हो गई।

शहरी की
स्मृतियों का
एक दर्पण
टूट गया
एक पतंग
अचानक डोर से कटी
और कहीं दूर
ऊपर की ओर चली गई
और बच्चों ने
शोर भी न किया।

****

36. गीत

जोड़—जोड़ के तिनका चाहा ;
सुख का कोई महल बनाएं
बालकपन और यौवन बीता
अपनी किस्मत बदल न पाए।

आज नहीं, कल की ही सोचा
क्या सब ठीक या गलत किया ;
द्वेष नहीं कभी जन्मा मन में
जीवन के हालात को जिया।

हरे—सुनहरे ख्वाब थे अपने
उसमें सुध—बुध खोया था ;
हँसा मिली जब मन की बातें
विपरीत हुआ तब रोया था।

दिल से हरदम यह चाहा कि
गीत मधुर हरदम ही गाएं
जोड़—जोड़ के तिनका चाहा ;
सुख का कोई महल बनाएं।

गलत किया चाहत ऐसी की
कुछ सपनों को सुख समझा ;
कल को स्वर्ण शिखिर ले बैठा
सचमुच में था खुद उल्था।

विधि ने बहुत दिया है हमको
पर मृग तृष्णा गई नहीं;
सब अपने सुधरेंगे- करके
इसी बात पर अड़ी रही।

सच केवल इतना होता कि
मिला है जो उसको अपनाएं
जोड़–जोड़ के तिनका चाहा;
सुख का कोई महल बनाएं।

आँगन अपना नहीं था वैसा
कमरे को ही फैलाया;
चौड़ी दरी नहीं थी, फिर भी
फर्श पर खुद को छितराया।

मन जो चाहे सब हो जाए
कब जीवन में हो पाता है?
विधि है अजब, अनोखी दुनिया
मूर्ख वही जो पछताता है।

गरलपान कर नीलकंठ हैं
हृदय कमल में उन्हें बसाएं
जोड़–जोड़ के तिनका चाहा
सुख का कोई महल बनाएं।

***

37. निर्णय

निर्णय लेने का
समय भी होता है
निर्णय लेने का
परिवेश भी

निर्णय लिया भी जाए
या कि निर्णय
विचाराधीन रखा जाए
यह विषय भी
निर्णय का होता है

कभी–कभी
किए गए निर्णय
स्थगित और अघोषित
रखना जरूरी होता है

निर्णय के बारे में
अनेक प्रकार के
निर्णय लेने होते हैं
जैसे कि
किया गया निर्णय
कब बताया जाए

हमारे निर्णय
निर्णय की समस्याओं पर

विचार किए बगैर
किए गए
निर्णय थे

निर्णय की भूलें
अनिर्णय की परिस्थितियां
पैदा करती हैं
और आदमी उसमें
उलझता
और उलझता
चला जाता है।

***

38. लाठी

रिश्ते-नाते झूठे सारे
लाठी अपनी प्यारी है;
निर्मल निश्छल सरल अधिक है
सच्ची इसकी यारी है।

सिर्फ नहीं यह लाठी अपनी
सुख-दुख का भी साथी है;
तुम जो चाहो कह लो इसको
नहीं सिर्फ बैसाखी है।

इसमें जान नहीं है किंतु
मैं इससे बतियाता हूँ;
इसको लेकर साथ हमेशा
कहीं भी आता-जाता हूँ।

कुत्ते हों या अन्य जानवर
यह रक्षक बन जाता है;
अंधों का तो यही सहारा
पथ दर्शक बन जाता है।

रिश्ते-नाते झूठे सारे
सच्ची इसकी यारी है
दुनिया में हमदर्द यही है
यह मुझको बड़ी प्यारी है

बेटा पर था फख्र बहुत
पर वह अपने में मस्त हुआ
अपने पर जो खुद था हावी
धीरे–धीरे पस्त हुआ।

टांगों की यह ताकत बनती
बहुत सहारा देती है
एक राज बतलाऊँ तुझको
कुछ नहीं मुझसे लेती है

जिसकी लाठी उसकी भैंस
याद दिलाती रहती है
दुनिया में ताकत संकेतक
यह लाठी ही रहती है।

जितने बेटे उतनी लाठी
उन दिनों परिपाटी थी
सोंटा सटका लट्ठ कहो
पर होते सब लाठी थी।

गुस्से में गर साथ है लाठी
लोग सहज डर जाते हैं
जो अनिष्ट कुछ कर सकते हैं
वो भी कुछ घबराते हैं।

लाठी पर है जान निछावर
अब यह दुनिया सारी है
अपनी यह हमदर्द बहुत है
इसीलिए तो प्यारी है।

✳✳✳

39. बेटा, बात-बात में

जन्म दिया, है पाला-पोसा
अब धमकाते हो
मात-पिता हैं देव-सरीखा
क्यों कतराते हो?

जब अबोध और अज्ञानी थे
तूने की करतूतें
झेला सबको हँसकर हमने
खुद के ही बलबूते

तन में यौवन जेब में पैसा
आँख दिखाते हो
मात-पिता से बात-बात में
क्यों टकराते हो?

बन जाते इंसान भला
जीवन भी सुखमय होता
रात की मूँदी आँखों ने
दिन ने भी सपना देखा
बचपन का नटखटपन झेला
तुतलाहट से खेला
मात-पिता की उन बातों को
क्यों भूल जाते हो?

बेटा, बात–बात में
मुझसे क्यों टकराते हो ?

पढ़ ली चंद किताबें तूने
दुनिया का रंग देखा
गाड़ी–बंगला कैश–तिजोरी
तेरा सब तेरे लेखा
बूढ़ी बुद्धि को
क्योंकर अखलाक सिखाते हो ?
बेटा, बात – बात में
मुझसे क्यों टकराते हो ?

अस्सी की यह उमर हमारी
किस्मत से मिलती है
तेरे पोते को जब देखूँ
नई सुबह खिलती है
जर्जर तन, पर मंद न मन
क्योंकर कतराते हो ?
बेटा, बात–बात में
मुझसे क्यों टकराते हो ?

✳✳✳

40. मदिर मदिर हवा चली

वसंत की हवा चली
जड़त्व में पड़ी हुई
कली खिली खिली कली
मदिर-मदिर हवा चली
नई उषा नया प्रभात
खुला खिला है पात-पात
सुबह नई दिवस नया
थिरक रही हँसी की बात
है रंग फूल-फूल पर
कली-कली पे ज्वार है
तभी तो मंद-छंद में
वसंत की बहार है
जो छंद बंद थे पड़े
कवित्व की कली खिली
नवीन चेतना तभी
नवीन चाल में ढली
मदिर-मदिर हवा चली
है बौर आम-आम में
मस्ती सुबह में शाम में
वसंत जो अनंत है
मन में, हृदय तमाम में

शरद गया शिशिर गया
घुटन गई तिमिर गया
चपल दिशा मदिर निशा
सब ओर छाई खलबली
मदिर–मदिर हवा चली
विहग नए गगन नया
कली नई चमन नया
लगा कि पेड़ हिल रहा
हर उदास खिल रहा
बहार बनके छा गई
सुबह की धूप भा गई
अंतर में जो मरोर थी
पिकी की तान में ढली
मदिर–मदिर हवा चली
उमंग है नई कि अब
तरंग भी नई–नई
लगा कि अंग है नया
और रंग भी नया–नया
वसंत की पुकार में
थकी–दबी गुहार में
बात कोई क्या करे
इस नए दयार में ?
रति ही रंग में नहीं
मलंग अब अनंग भी

शिव रमे हैं भंग में
शिवानी मस्त हो चली
कली खिली खिली कली
मदिर–मदिर हवा चली

***

41. बात करते

स्वार्थ-शक की अंधता में
जो अमन की बात करते
क्या मज़ा आता कि मिलकर
हम वतन की बात करते!

स्वर्ण-सिक्कों की तुला पर
तौलते नहीं भावनाएं
भूलते हर दुश्मनी को
सत् वचन की बात करते;
क्या मज़ा आता कि मिलकर
        हम वतन की बात करते!

तोड़ मिट्टी के खिलौने
रौंदकर कच्चे घरौंदे
द्वेष से बाहर निकलते
हम चमन की बात करते;
क्या मज़ा आता कि मिलकर
        हम वतन की बात करते!

उन परिंदों के विषय में
काश! थोड़ा सोचते हम
पर कटे घायल बदन
फिर भी गगन की बात करते;

क्या मज़ा आता कि मिलकर
        हम वतन की बात करते!

साजिशों से अड़चनों से
हार मानी जब भी दुनिया
रुक गए चलते कदम सब
जो थकन की बात करते;
क्या मज़ा आता कि मिलकर
        हम वतन की बात करते!

आओ मिलकर आज हम सब
एक नया पौधा लगाएं
पंथ नूतन कब कहां
ठिठके चरण की बात करते।
क्या मज़ा आता कि मिलकर
        हम वतन की बात करते!

***

42. भईया से बेहतर

अँगुलियां ना बनीं
अँगुलियां हैं
हाथ भी ना बने
हाथ जैसे
मेरी अम्मा! मेरी माँ
मैं तुझको
कुछ कहूँ
और पुकारूँ भी कैसे?
तूने खंजन बहुत-सारे देखे
तुम तो धरती हो अब मेरे लेखे
मैं अँखुआ हूँ पल्लव से नाजुक
तुम बुला लो
मैं तुझको भी देखूँ
मेरी माँ
हो खुद मेरे जैसी
थी पड़ी एक दिन
खुद ही ऐसी
मेरे कंठों में
गर होती ताकत
तुझे कहती
सोए से जगाकर
मैं नहीं कोई ऐसी या वैसी

मैं हूँ वेदी किरण
कल्पना हूँ
मैं परी से बड़ी भावना हूँ
मैं हूँ रश्मि
तेरी मैं निधि हूँ
मैं हूँ सीता
मैं मुक्तामणि हूँ
मैं गर जन्मी
कुछ बनकर रहूंगी
मेरी मईया!
मैं भईया से बेहतर
तेरा नाम रौशन करूँगी
ना तू समझो
मैं हतभाग्य हूँगी
तुम्हें हर खुशी–गर्व दूँगी
मेरा साथ देंगी हवाएं
मेरे साथ तेरी दुआएं
तुम न रोको
दिखाओ भी दुनिया
तुम दिखाओ
मुझे प्रात मेरा
मैं न जाना
है कैसा सवेरा
मैं कली भी नहीं

बस, तरल हूँ
अधबनी हूँ, परी हूँ
सरल हूँ
तुमको अफसोस हो
ऐसा कुछ भी
मैं करूँ ना
यह आशीष देना
मुझे कहना बताना
कि कैसे
इन्दिरा जो बनी
इन्दिरा थी
तुम सुनाना
सफल कैसे होगा
तेरी कोख से
जन्म लेना।

***

43. मैंने बताना छोड़ दिया है

थोड़ा थक गया हूँ
अकेला पड़ गया हूँ
अपने परवाह नहीं करते
कि क्या चाहता हूँ
और क्यों चाहता हूँ?
बेफिक्र हैं सभी
आगे क्या होगा?
मैंने समझाना छोड़ दिया है
मैंने बताना छोड़ दिया है
मैं जानता हूँ –
मेरी बेटी
दुनिया का सच कम जानती है
मेरी बात भी कम मानती है
मैं फिर भी
उसको याद करता हूँ
कि वह बहुत सीधी है
जीवन का बहुत कुछ
उसे मालूम नहीं

मैं जानता हूँ
कि हर आदमी अपने में ऐंठा है
फिर भी आशान्वित हूँ

ऊपर एक खुदा बैठा है

दुनिया है
और दुनियादारी है
फिर सच को समझना
इंसान की लाचारी है

औरत का जीवन
खुद ही एक बीमारी है
मैं जानता हूँ
लेकिन मैंने बताना छोड़ दिया है

छूट जाए कुछ तो
पीछे भागना पड़ता है
क्यों पिछड़ गए?
गलती क्यों हो गई?
यह सब समझने से
बाद में फर्क नहीं पड़ता है

आदमी को अपना काम
खुद करना पड़ता है
अन्यथा हाथ मलना पड़ता है

सब कुछ किसी न किसी
प्रारब्ध से बंधा है
मैं समझ गया हूँ
थोड़ा थक गया हूँ

तर्क ने इससे उसको
और उससे इसको
जोड़ दिया है
परिस्थितियों ने हालात को
अलग मोड़ दिया है

मैंने ऐसी बातों को
मन में लाना छोड़ दिया है
मैंने बताना छोड़ दिया है।

✱✱✱

44. ये आँखें मधु की माती हैं

ये आँखें मधु की माती हैं,
कुछ कहतीं बहुत बताती हैं।
बलि जाऊं मधु इन आँखों पर,
जो सचमुच बड़ी लुभाती हैं।

इन आँखों की मस्ती देखो,
तिरती उनमें कश्ती देखो।
संभलो ये डगमग कर देंगी,
ये हरदम ही इठलाती हैं। ये आँखे....

सावन की उमड़न इनमें है,
भादों की घुमड़न इनमें है।
इनमें चलती पुरवाई है,
ना मानें क्या रुसवाई है
ये मस्ती में बलखाती हैं।

मछली जैसी ये चंचल हैं,
ये आँखें क्या बस हलचल हैं।
इनकी हर चाल निराली है,
यादों में आ बहलाती हैं। ये आँखे....

❊❊❊

45. उधर लौटते हुए

हमारा वह भोला-भाला गांव
अब शहर का मुहल्ला है
कहीं बना गुमसुम
कहीं बड़ा हल्ला है

गाँव का पुश्तैनी घर
दुकानों का हुजूम बन चला है
बरसों हुए
हम यहां से निकले थे

परिवार, पड़ोस और दोस्तों से
हमने मांगी थी विदा
अपनेपन वाली कई नज़रों को
छोड़कर हम चले आए थे इधर

हमें लगा था
हम यहीं के लिए निकले हैं
बेहतर बनाने
और बेहतर बनने जा रहे हैं
यहां के लिए

गाँव के देवी-देवताओं से
मांगी हमने दुआएं
परिवार से बाहर

गांव के बुजुर्गों से भी
लिए हमने आशीष

अनेक उलझी सुबहों
और धुंधली शामों के बाद
भटकनों–अटकनों से
मुक्त होकर
किसी उजाले के मोह में

हम लौटे हैं –
सब कुछ बदल गया है
सड़कें और खेत
कुछ भी नहीं रहे वैसे
बदल गया है परिवेश
पूरा देश बदल गया है

इस बीच
हमारी जबान बदल गई है
और बदल गई है
हमारी पहचान
इन वर्षों में
गांव के साथ
वहां का आसमान बदल गया है

बहुत सारा नया पैदा हुआ है
पुराने कट गए हैं

दरख्तों के पत्ते झड़ गए हैं
वैसा कुछ भी नहीं है
जो छोड़कर हम गए थे

लगता है –
हम बाहर गए भी कहां?
बस, रहकर यहां
लौटते रहे
कुछ वहां
और वहां जाकर
यहां के लिए भटकते रहे

पतंगों की तरह
डोर से कटकर
अटक गए हम
किसी पतली फुनगी पर
हवा के थपेड़े खाते
न इधर आते
न उधर लौटते
उलझनों में

***

46. एक संसार चाहिए

बच्चों को आकाश मिले और
सहज सुगंधित प्यार चाहिए;
फूल खिलें और खुशबू फैले,
ऐसा एक संसार चाहिए।

जुगनू तितली कोयल पंछी
मोर चकोर और स्यार चाहिए;
मृग शावक खरगोश कबूतर,
कुत्ते और बिलार चाहिए।

झूठी आन–बान को झूठी
समझें, वह व्यवहार चाहिए;
मान भी क्या सम्मान भी क्या है,
सज्जन को सत्कार चाहिए।

बच्चों को आकाश मिले और
सहज सुगंधित प्यार चाहिए;
फूल खिलें और खुशबू फैले,
ऐसा एक संसार चाहिए।

खुली सुबह हो खूब हवा हो
शीतल–सा व्यवहार चाहिए;
गंध–सुगंध पवन के संग में,
बातें भी दो–चार चाहिए।

साँप भयानक मान गया मैं
उसकी भी फुफकार चाहिए;
चित पर चोट करे गर कोई,
चीख और चीत्कार चाहिए।

चिंता के संग चेतनता हो,
सहज सजग व्यवहार चाहिए;
अंधियारे आकाश में टिमटिम,
तारों का संसार चाहिए।

अंधकार से भरी हों रातें
जीवन में उजियार–चाहिए;
अपनापन हो, संग–साथ हो,
सुंदर–सा परिवार चाहिए।

बच्चों को आकाश मिले और
सहज सुगंधित प्यार चाहिए;
फूल खिलें और खुशबू फैले,
एक नया संसार चाहिए।

हर दिन सुबह में खिली धूप हो,
नित नूतन व्यवहार चाहिए;
अपने समझें अपनापन को,
मुझको वह संसार चाहिए।

अच्छी चीज़ें अच्छी बातें,
अच्छा एक परिवार चाहिए;

गम का तम मिट जाए आकर,
जीवन में उजियार चाहिए।

दुख मिट जाए जग सुंदर हो
उमड़ा हुआ विचार चाहिए;
परिवर्तन का साथ निभाए,
एक नया संसार चाहिए।

✳✳✳

47. हित की बात करूँ

कैसे तुझसे बात करूँ
और कैसे कुछ समझाऊँ ?
हित की बात करूँ तुझसे
और हित-चिंतक लग जाऊँ।

गुणा-भाग अपने कर्मों का
जोड़-घटाव सभी का
प्रारब्धों से सुफल मिले
कुफल भी मिले कभी का

मन करता है कर्मभूमि का
ज्ञान तुझे दिलवाऊँ
हित की बात करूँ तुझसे
और हित-चिंतक लग जाऊँ।

हँसती-आती कभी-कभी
परेशान भी लगती हो
तू लगती नादान कभी
शैतान भी लगती हो

किस मंदिर ले जाऊँ तुझको
हर गुत्थी सुलझाऊँ
हित की बात करूँ तुझसे
और हित-चिंतक लग जाऊँ।

लगता तेरे मन में ऐसी
कुछ गाँठें गहरी हैं
अंदर तेरे झंझा बहते
कुछ बातें ठहरी हैं

अपना मन तेरा मन कर दूँ
कैसे सब बतलाऊँ
हित की बात करूँ तुझसे
और हित-चिंतक लग जाऊँ।

कोयल की तू कूक रही हो
विद्या की अनुरागी
तुझे देखकर मन ही मन
हम होते थे बड़भागी

तेरे अंतर्मन में जाकर
तुझको याद दिलाऊँ
हित की बात करूँ तुझसे
और हित-चिंतक लग जाऊँ।

मनुज अगर ले सोच
भाग्य उसके हँसने लगते हैं
दुश्मन – दोस्त सभी को उसमें
गुण ही गुण दिखते हैं

तेरे मन में ज्योति जला दूँ
आत्म-ज्ञान करवाऊँ
हित की बात करूँ तुझसे
और हित-चिंतक लग जाऊँ।

***

48.   बंद कोठरी

दिन कितना भी हो दिप–दिप
धूप हो कितनी भी तेज
बाहर चाहे जितने भी
खिलें हों फूल
चारों ओर हो रहा हो
ऋतुराज का समारोह

टिमटिमाते तारों से
रौशन हो रात
फर्क क्या पड़ेगा उसे
जो बंद कोठरी में है ?

अंधियारी रातों से
ज्यादा घना होता है
मन का अंधेरा
इसलिए रात के अंधेरों से नहीं
उजालों की शाम होने से डरना है
इसमें भविष्य के हर–दीप
बहुत लुकझुकाते हैं।

✳✳✳

49. मैं हिंदी अधिकारी हूँ

मैं हिंदी अधिकारी हूँ
करता रहता अनुनय–विनती
पद से, पर सरकारी हूँ
मैं हिंदी अधिकारी हूँ।

हिंदी अपने देश की भाषा
सत्ता की, सरकारी की भाषा
फिर भी बड़ों–बड़ों के सम्मुख
मैं बस छोटी लॉरी हूँ
मैं हिंदी अधिकारी हूँ

सफल बने हिंदी की नीति
छोटी अपनी हस्ती
दुख के साधन केवलअपने
लोग कहें, हैं मस्ती
जेट–विमान के युग में भी
मैं करता सुस्त सवारी हूँ
मैं हिंदी अधिकारी हूँ

हिंदी की तो नीति, यारों
कैद है शिथिल विवादों में
कई लोग तो फँस जाते हैं
दफ्तर के अनुवादों में

काम तो अपना मोर मांगता
मैं ही बड़ा अनाड़ी हूँ
पद से पर सरकारी हूँ
मैं हिंदी अधिकारी हूँ

देश एक हो,
भाव एक हो,
जनमन की एक आश बने
भारत दुनिया के नक्शे पर
खूब उभरे
और खास बने

इन बातों के हक में ही हूँ
लगता तय जिम्मेदारी हूँ
सब जानूँ, सब सोचूँ भाई
सिर कर लेता भारी हूँ
करता रहता अनुनय–विनती
पद से पर सरकारी हूँ
मैं हिंदी अधिकारी हूँ।

✳✳✳

50. पतंगे और बच्चे

पतले धागों से बँधी
पतंगें दूर
बहुत दूर चली जाती है

पतंगों के ऊपर उठने
और दूर जाने में
हाथों के इशारे
शुरू के सहारे रहते हैं

इसीलिए
धागों को थामी रहनेवाली
उंगलियां समझती हैं
पतंगें उनकी पकड़ में हैं

लेते हैं लोग
पतंगों की अठखेलियों के मज़े

लोग देखते हैं
पतंगों का दूर जाना
धीरे–धीरे बहुत दूर
निकलती चली गई पतंगें

उन्हें पवन का साथ
मिल गया है ऊपर

सबका एहसास तब होता है
जब धागा टूट जाता है
हाथों से छूट जाता है

वह रफ्तार
बहुत बेकाबू होती है
और यह सच्चाई
बच्चों पर ज्यों की त्यों
लागू होती है।

***

51. याद में

समय लौटकर
कभी नहीं जाता
कहीं भी किसी के पास
पर लोग बराबर लौटते हैं
बचपन की यादों में
जवानी की मस्ती में
ब्रज की गलियों में

कृष्ण और कान्हा की तरह
नटखटपन और गानों की तरह

बाबू की चपत, दादा का प्यार
और अम्मा का दुलार
मन में हमेशा सिर उठाता है
आदमी कहाँ भूल पाता है?
बार–बार वहीं जाता है।